VEREDAS

Sérgio Capparelli

Eu, meu avô, a pipa e a guerra dos gatos

1ª edição
São Paulo

Ilustrações:
AMILCAR PINNA
5ª Impressão

MODERNA

© SÉRGIO CAPPARELLI, 2012

 **MODERNA**

COORDENAÇÃO EDITORIAL	Maristela Petrili de Almeida Leite
EDIÇÃO DE TEXTO	Carolina Leite de Souza
COORDENAÇÃO DE PRODUÇÃO GRÁFICA	Dalva Fumiko
COORDENAÇÃO DE REVISÃO	Elaine Cristina del Nero
REVISÃO	Fernanda Kanawati
COORDENAÇÃO DE EDIÇÃO DE ARTE	Camila Fiorenza
PROJETO GRÁFICO	Camila Fiorenza
ILUSTRAÇÕES DE MIOLO	Amilcar Pinna
DIAGRAMAÇÃO	Cristina Uetake, Vitória Sousa
PRÉ-IMPRESSÃO	Alexandre Petreca, Everton L. de Oliveira Silva, Hélio P. de Souza Filho, Marcio H. Kamoto
COORDENAÇÃO DE PRODUÇÃO INDUSTRIAL	Wilson Aparecido Troque
IMPRESSÃO E ACABAMENTO	Log&Print Gráfica e Logística S.A.
LOTE	11629

Dados Internacionais de Catalogação na Publicação (CIP)
(Câmara Brasileira do Livro, SP, Brasil)

Capparelli, Sérgio
 Eu, meu avô, a pipa e a guerra dos gatos / Sérgio Capparelli ; ilustrações Amilcar Pinna — 1. ed. — São Paulo : Moderna, 2012. — (Coleção veredas)

1. Literatura infantojuvenil I. Pinna, Amilcar. II. Título. III. Série.

12-04244   CDD-028.5

Índices para catálogo sistemático:
1. Literatura infantil 028.5
2. Literatura infantojuvenil 028.5

ISBN 978-85-16-07781-5

Reprodução proibida. Art.184 do Código Penal e Lei 9.610 de 19 de fevereiro de 1998.

Todos os direitos reservados

EDITORA MODERNA LTDA.
Rua Padre Adelino, 758 - Belenzinho
São Paulo - SP - Brasil - CEP 03303-904
Vendas e Atendimento: Tel. (11) 2790-1300
Fax (11) 2790-1501
www.modernaliteratura.com.br
2018

*Ao Felipe e ao Murilo, de São Paulo.
À Índia, de Bali, e Júlia, de Rio Verde.*

Sumário

1. A pipa que veio de longe, 07
2. Pão, pão; queijo, queijo, 11
3. Só voa contra o vento, 16
4. Mensagem urgente, 21
5. Os Motoqueiros do Apocalipse, 26
6. A troca do bebê por um gato morto, 29
7. A queda de Ícaro, 32
8. A caminho da Pedra Vermelha, 37
9. Os falsos monges que soltavam pipas, 41
10. O caso do menino adotado por onças, 45
11. As árvores riam na beira da estrada, 50

12. Os pigmeus levaram a pipa?, 55

13. Estranhei esse Gattuso à primeira vista, 61

14. O esforço para se manter vivo, 65

15. Os felinos em guerra pelo território, 69

16. O estouro das portas da imaginação, 76

17. Seu coração? 250 gramas, no máximo!, 81

18. A vitória dos gatos fundamentalistas, 84

19. Bue, Toni Tornado e mais 70 motos de 500cc, 89

20. Papai Noel, anjos e outras coisas que existem, 93

21. Felicidades, senhora Máscara!, 98

1.

A pipa que veio de longe

Essa é uma história sobre meu avô e a guerra dos gatos. Na história tem também uma pipa, que aparece bem no início, quando eu e meu avô subimos ao sótão. Lá havia um armário grande, de madeira maciça. Nele vovô guardava suas coisas. Tentamos empurrá-lo, para deixar entrar a luz da claraboia. A madeira rangeu, mostrando, entre o fundo do armário e a parede, um estojo empoeirado de couro.

Vovô exclamou surpreso:

— Dava por perdida!

— Perdida, o quê, vô?

— Não vê? A pipa!

Estava desmontada e enrolada.

— Nem imaginava que a pipa ainda existisse — prosseguiu ele.

Contou que a tinha trazido da China muitos anos antes, lembrança de quando trabalhava na construção de um trecho da estrada de ferro Pequim-Xangai.

Logo imaginei meu avô com uma marreta nas mãos, debaixo de um sol forte, afundando cravos nos dormentes dos trilhos de ferro. Secava o suor da testa, olhava para o céu e avistava um enxame colorido de pipas.

Agora estava no Brasil, comigo, na Serra da Cantareira. Dia ventoso, que prometia chuva. Não sou um conhecedor de pipas, mas sei que elas vivem para o céu. Ou, em dias de pouco vento, guardadas em cima de um armário. Desmontada assim, não. Ainda mais dentro de um estojo, com suas enormes varetas da armação embrulhadas com seda.

Mais de metro de comprimento, a vareta. De bambu. Reforçada. E brilhava. Já a seda era muito fina. Quando estendida, trazia a imagem de um rosto de gato.

Vovô disse que era de um artista de ópera. Artista de ópera? Eu só conhecia o rosto de artistas de ópera italianos. Nenhum deles tinha cara de gato. Certeza. Mamãe gostava de óperas e não perdia nenhuma pela televisão.

— Ópera de Pequim — vovô explicou. — No dia em que nasce o filho do imperador, uma mulher invejosa troca a criança no berço por um gato morto. Depois diz que a mãe é uma bruxa disfarçada, tanto que pariu gato em vez de criança.

— Por que ela faz isso?

— Porque queria ser a rainha.

Vovô entendia de pipa e de ópera. Veja só! Pensei que era bom só em estrada de ferro e em mosaicos. Mas em pipa?!

— Mas o senhor entende também de pipas?

Entendia um pouco, explicou, do tempo em que tinha morado em Pequim e soltava pipa todos os fins de semana no pátio da entrada do metrô.

— Do metrô? Pipa?

— Sim, do metrô.

— O senhor sozinho?

— Não, havia outros.

— Crianças?

Ele riu.

— Não, gente grande.

Ao lado da capa de proteção da pipa havia também uma carretilha com linha. Nunca tinha visto igual. A manivela ficava numa presilha, com a ponta enganchada na caixa da catraca. Ao girar a manivela, soltou um som esquisito.

Vovô disse:

— São as esferas de aço do rolamento.

Eu disse:

— O barulho é igual quando alguém gira ao contrário o pedal de uma bicicleta.

Ele aquiesceu. Era especial, a carretilha.

— Mag...mag...

— Magnífica — disse vovô.

Era como se naquele momento ele também se imaginasse na China, longe da estrada de ferro, soltando pipa num lugar misterioso chamado Pequim.

Bem neste momento, clareou do lado de fora e um pedaço de sol entrou pela claraboia. Logo imaginei aquela pipa no céu. Ainda ignorava que ela participaria de acontecimentos tão importantes na minha vida, na de vovô e na de todo mundo.

Já devem ter imaginado que falo da Guerra dos Gatos, que foi noticiada nos jornais e mais tarde na televisão. Mas antes de entrar nesse caso dos gatos e dos problemas que tivemos com eles, preciso voltar a um pouco antes.

2.

Pão, pão; queijo, queijo

Meu pai e minha mãe trabalhavam numa agência de viagens em São Paulo. Dos dois, papai era o mais afobado. Para ele tudo tinha prazo. Quando o prazo era urgente, dizia *deadline*. Assim, em inglês. Para papai, *deadline* era uma palavra mais moderna e mais exata. Eu pensava diferente, mas tudo bem. Sabia traduzir essa palavra. Ao ouvi-la, devia entender: "agora nos deixe em paz, menino, pois temos um trabalho importante a terminar e o prazo é amanhã".

Mas, apesar de serem pai e filho, meu pai e meu avô são completamente diferentes. Quer dizer, eles são diferentes em muitas coisas. Pronto. Já mostrei a diferença. Se digo que são diferentes em muitas coisas, estou falando como meu avô. E se digo que são completamente diferentes, estou falando como meu pai. E claro, *deadline* não está no dicionário do meu avô, nem como prazo nem como "sai daqui, menino!".

Outro exemplo?

Quando meu pai diz "comigo é pão, pão; queijo, queijo", meu avô fica surpreso e responde: "Se é assim, onde fica o pão de queijo?".

"Não nos entendemos", diz meu pai. "Algumas vezes discordamos", diz meu avô. Papai preocupa-se com números. Vovô, com as palavras. "Seu avô", diz meu pai, "vive no mundo da lua." "Seu pai", diz meu avô, "tem os pés muito grudados no chão."

Papai jura que vovô vive em um sonho, ao contrário dele próprio, que vive na realidade. Meu avô dá de ombros. E diz que os dois vivem dentro de um sonho, só que sonhos diferentes. Os sonhos de papai, explica vovô, só aparecem de noite. E os dele aparecem também de dia.

Antes de papai me trazer à Serra da Cantareira, brincaram por telefone, pois apesar das diferenças, são carne e unha. Meu pai disse: "Eu tenho essa viagem grátis. E pai, o senhor nunca mais viajou. Fica aí, entocado. Cada vez mais é preciso viajar para conhecer o mundo". Eu não escutei o que meu avô respondeu, mas certamente deveria ser algo do tipo: "tenho dezenas de mundos para conhecer aqui na Cantareira, filho".

Vamos deixar de rodeios. O que quero contar é que vovô, apesar de sua suavidade, abria fendas nas ideias de papai. Percebi isso depois dessa conversa que deixou papai pensativo.

Mamãe, também preocupada, perguntou:

— De novo seu pai, querido?

— Sim, meu pai de novo.

— O que disse que ele não gostou?

— Que ele sonha muito. E que a noite é a imagem apropriada para quem sonha demais. Que ele era uma pessoa noturna, mas que troca o horário e sonha de dia.

— E ele?

— Ficou me escutando. Então eu disse a ele que, para mim, não tem nhem, nhem, nhem. Ou é preto ou é branco.

— Você não está sendo muito duro com seu pai?

— Acha que estou?

— Principalmente agora, que ele está sozinho.

Papai ficou pensativo. E disse:

— Ele não perdeu tempo com minha história de "ou é preto ou é branco". Logo perguntou: "E o que vamos fazer da madrugada e do entardecer?".

— E?

— Nada. Eu não respondi nada. Fiquei sem resposta.

— Ah!

— E então... Élida, esse menino ainda não acabou de arrumar a mochila? Já estamos atrasados.

Esse menino era eu.

Foi minha vez de não dizer nada. Continuei arrumando minha mochila, devagar, colocando dentro dela o livro que estava lendo, uma caixa de lápis de cor, papéis de desenho e meu jogo de xadrez.

Quando descemos, não encontrei o carro do papai.

— Cadê?

— O azul. Troquei.

— Pô, pai, de novo?

— De novo e de novo. A gente precisa se renovar.

— Mas é um modelo mais antigo. Trocou o velho por um mais velho? Nunca vi isso.

— É maior. Mais amplo.

— Está bem, papai, está bem.

E pensei que papai gostava de espaço e de amplidão. Vovô, não. Vovô preferia buscar profundezas. Um dia ele cavava um poço e eu disse: "Ih, vovô já está fundo". Ele levantou a cabeça e respondeu:

— Quem sabe encontro um veio d'água, hein?

Era assim, vovô.

Era assim, papai.

Quando avançamos na planície bordada de plantações de milhos, as espigas vinham à beira da rodovia, com suas cabeças douradas, para ver quem passava. Eu estava muito alegre nesse dia e ri todo tempo durante a viagem.

Às vezes, vendo as hastes de milho balançar, não me aguentava:

— Olha, pai, o milho maduro da beira da estrada está acenando para nós.

Numa hora dessas, papai me olhava sério pelo retrovisor.

— Marcos, que isso? Está parecendo seu avô. Que é uma lavoura de milho, tudo bem. Mas ela não acena nem conhece ninguém. É milho e nada mais. As espigas não ficam alegres nem tristes se passamos ou deixamos de passar. Viu, Élida, como esse menino inventa coisas.

— É a cara do avô.

— Se é...

— Eu sei, pai, eu sei. É só uma maneira de dizer.

— Ah, bom.

— Pai!

— Sim.

— Não, nada.

3.

Só voa contra o vento

Eu disse antes que encontramos a pipa atrás do armário do sótão. E também disse antes que minha mãe, meu pai e eu estávamos fazendo uma visita ao meu avô. Mas ainda não disse — mas digo agora — que vovó Letícia tinha morrido fazia um ano, deixando vovô perdido no meio da neblina. Papai em volta. Cheio de prazos a cumprir, considerava que eu seria uma boa companhia para vovô, já que éramos muito parecidos.

Como um menino de pouco mais de oito anos pode se parecer com um avô de oitenta?

Pois bem, estávamos agora na casa de madeira de vovô, na encosta do morro, e tinha uma conversa com ele sobre a arte de empinar pipas. Reconheço que ele sabia mais do que eu nesse assunto. Tanto assim que fazia neste instante um resumo de tudo que vinha dizendo:

Primeiro, a pipa só pode voar se for contra o vento. Vento a favor, que todo mundo gosta, não vale para elas. Pipa gosta de desafios e de ousadia.

A pipa sobe quando o ar sopra acima e abaixo de suas asas, produzindo baixa pressão em cima da asa e alta pressão embaixo.

Entendeu essa última parte? Eu também não. Por isso perdi a paciência com vovô. Não entendia esse jogo de alto e baixo que diz para a pipa subir ou descer. Além disso, vovô acabava de me ensinar que pipa é uma estrutura armada com papel e varetas presa numa linha. Quem não sabe disso? O certo é que pouco depois vovô e eu tentamos soltar a pipa.

Ela subiu, subiu. Não parou de subir. Já estava perto das nuvens. E deu um mergulho, assim como quem desanima.

Falta de vento não era, pois ventava. Mas que vento esquisito! Rodopiava, vinha, ia, driblava sem bola, fugia, entortava, batia de frente, batia de lado, soprava com o canto da boca — se boca tivesse —, cansava e, de repente, de novo vinha do vale, novinho.

Quando não sabia a direção em que o vento soprava, vovô jogava terra para cima e observava o pó.

Só que a cada vez o pó escolhia uma direção diferente. Se era para o norte, vovô alinhava a pipa nessa direção. E súbito, nada de norte. O vento queria agora era o sul. Ou leste. Ou oeste.

Vovô e o vento não se entendiam.

Vovô não desanimava. Punha atenção nas nuvens, achando que nas nuvens vivia o Grande Vento. O Pai de todos eles. Ele, sim, sabia em que direção soprar. Mas esse vento da terra, o pequeno, esse ventinho criança, corria que corria sem direção, pensando que estava na hora do recreio na escola dos ventos.

De repente, soprou um vento bom. A pipa subiu. Sabia que era feita para enfrentar o vento e continuou subindo. "Se continuar assim", vovô disse, "vai até a China. Basta dar linha." E vovô deu mais linha.

— E o que vai fazer lá, vô?

— Encontrar o imperador Zhenzong. Ele está contente, porque nasceu o príncipe herdeiro. E Li, a mãe do príncipe, será imperatriz. Os dois ainda não sabem que a invejosa Liu quer ser a soberana e vai pôr o gato morto no berço do menino.

— E o que vai fazer com o príncipe?

— Matar. Ela vai pedir para Guo Hai, o chefe dos eunucos, matar o príncipe.

Eu não sabia o que era um eunuco, mas também não perguntei. Estava mais interessado na pipa, com a imagem do príncipe. De repente, desceu novamente em queda livre. Mas agora eu sabia o motivo. Queria ouvir também a história que vovô contava, mas não conseguia por causa do vento.

— A pipa tem o retrato do príncipe, vô?

Ele riu.

— Que nada! Essa história aconteceu há quase mil anos e naquele tempo não tinha fotografia.

— Pô, vô, o senhor está falando que nem o papai.

— Essa pipa mostra a imagem que um príncipe herdeiro tinha entre o povo chinês. Quer dizer, entre o povo, não. É como as pessoas da ópera enxergaram o príncipe, que acabou virando gato morto, e mais tarde príncipe novamente.

— Quer dizer que essa Liu pôs o gato morto no berço do príncipe, mas ele não morreu de verdade?

Vovô não pôde continuar porque deu um pé de vento.

Fiquei assustado, me perguntando se esse pé de vento na terra repetia-se no céu. As rajadas no céu tinham algo a ver com os ventos na terra? Afinal, como ficava a pipa em tudo isso? Porque ela não estava nem na terra nem no céu, mas a meio caminho...

Com as rajadas, as nuvens puseram-se a correr que nem patos assustados na lagoa quando chega a águia. As copas das árvores, lá longe, se dobravam. E a pipa, sozinha no céu, estremecia, arqueando as varetas.

— Ela sente medo, vô?

— Acho que não.

Nisso chegou papai, que ainda não tinha voltado a São Paulo, e entrou na conversa:

— Para a pipa, tanto faz. Quer dizer, nem sabe ou deixa de saber o que é medo. Pipa só tem medo se quem a solta inventa sentimentos para ela. Pipa é simplesmente pipa e ponto final.

Vovô olhou para o papai sem dizer nada. Não estava muito inclinado a esse tipo de conversa naquele momento.

4.

Mensagem urgente

Nisso, um estrondo. Um estrondo enorme. Que ribombava, ora contínuo, ora de pipoca estourando na panela. E que panela! Eram os motoqueiros que todo fim de semana se reúnem na beira do lago na Cantareira, na frente da Ponte Nova. Eles ficam para cima e para baixo, às vezes chegando à Atibaia. O primeiro parou e o segundo passou adiante. Ao se dar conta, deu um cavalo de pau na estradinha e foi para junto de seu companheiro. Logo chegaram os outros, pisando duro, com suas botas de couro de cano alto. Depois, em silêncio, admiraram a pipa.

O vento ficou ainda mais forte, vergando a vareta horizontal. Distraído, eu comentei:

— Olha como está encolhida, a coitadinha!

Papai fez um muxoxo, contrariado, mas não disse nada. Ainda bem. Com as rajada de ventos, as varetas arquearam mais e mais, inclinando a pipa para a direita.

— Vamos mandar uma mensagem pra ela?

Era vovô que perguntava. Papai fez de novo um muxoxo e se afastou. Um dos motoqueiros, que era o chefe e tinha se apresentado como Bue, ouviu a conversa e apoiou.

— Como enviar uma mensagem a uma pipa analfabeta, longe no céu? — eu quis saber — Pela internet?

Vovô e os motoqueiros caíram na risada. Então o Bue, com um blusão de couro preto sem manga e com uma caveira nas costas, além de uma píton tatuada no braço direito, remexeu na bolsa que trazia na Harley Davidson e veio com uma folha de papel e um lápis.

— E qual a mensagem?

— Diz pra ele, Marcos.

— Ah, não sei, vô. Só quero saber como vão mandar essa mensagem...

— Fácil, fácil. Pela linha que prende a pipa, entendeu? — explicou vovô.

Disse que sim, mas não tinha entendido nada.

Bue então se ofereceu.

— Se ninguém tem uma ideia válida, eu tenho.

Os motoqueiros rodearam o chefe. Cochicharam entre si por alguns instantes. O chefe Bue assentiu com a cabeça e começou a escrever. Perguntou se "morticínio" era com cê ou com dois esses e pediu também que não ficassem muito próximo dele, pois assim não conseguia respirar.

— Por uma estrada limpa, sem gatos mortos.

Vovô aprovou com a cabeça.

— Manda agora para o Rei dos Gatos.

Obediente, Bue dobrou o recado até que ele ficasse bem estreito. Em seguida, enlaçou com ele a linha, torcendo as pontas para que não se desgarrasse. O resultado foi uma argola de papel presa, que imediatamente começou a deslizar na direção da pipa, na medida em que vovô dava pequenos puxões na linha.

A conversa em seguida voltou-se para o morticínio dos gatos selvagens. Bue contou que a cada dia que vinham de moto encontravam mais gatos mortos na Serra da Cantareira, de Caieira a Mairiporã, do Horto Florestal ao Túnel da Mata Fria. O telejornal regional havia noticiado uma semana atrás que morriam também na Pedra Grande, já em Atibaia. O apresentador do telejornal perguntou se os assassinatos tinham sido cometidos por um matador em série, na figura de um assassino sem coração, por um caçador demente, ou, finalmente, por uma epidemia desconhecida.

— Mas como, epidemia? Ou assassino demente? — perguntou vovô.

A mensagem enviada por correio particular continuava subindo e quando o carteiro do vento a entregasse, a pipa levaria um grande susto, por não conhecer o remetente.

Bue disse:

— Andam dizendo que morrem de raiva silvestre. Mas gatos? Pensei que fossem apenas cães, lobos e morcegos que transmitissem a raiva. Aliás, com essa desculpa, todos pagam.

Perguntei:

— Por que não vacinam?

— Vacinam. Cães, principalmente. Mas como vacinar gato selvagem? E gato transmite raiva?

— Transmite. O gato transmite raiva — confirmou vovô.

— Então fica complicado. Para os morcegos, por exemplo, aposto que não tem vacina. Se tivesse, ninguém conseguiria vacinar morcego. Já pensou? Alguém chega numa caverna, manda os morcegos fazerem fila para a injeção? Ah, me esquece!

Os outros motoqueiros riram. Um deles, magro e alto, quase dois metros de altura e cambota, chamado Tony Tornado, deu sua opinião:

— Pode ser que estejam apenas lutando por território. Os gatos marcam seu território para sobreviver. Neste território têm exclusividade para se alimentar da caça. E também para procriar. Gato solteiro demarca mais espaço, dez vezes maior do que a área demarcada por uma fêmea. Eles urinam nos limites de seu território e o gato que aparece sente o cheiro e é como se lesse: mantenha distância. Com a ocupação das terras nas encostas das montanhas, eles não estão conseguindo sobreviver. Pouca comida. E pode ser que estejam procurando novos territórios.

— Como os bárbaros antigos? Ouvi dizer que gatos são muito independentes e os indivíduos vivem isolados.

— Depende — disse alguém.

E continuaram discutindo, até que vovô começou a correr para salvar a pipa, porque a linha tinha perdido a barriga e o Príncipe Gato estava desesperado com o vento forte, talvez depois de ler a mensagem enviada por Bue e se lembrado de que logo teria de voltar a terra. Os motoqueiros bem que tentaram ajudar, mas não tinha jeito. A linha ficou tensa, cada vez mais tensa. Todos em volta de olhos no céu.

Foi aí que a linha arrebentou.

5.

Os Motoqueiros do Apocalipse

Depois que a linha do Príncipe Gato arrebentou, foi um desespero só. De início, todos ergueram os braços, como se assim conseguiriam agarrá-la. Depois atravessaram a estrada ou subiram em um barranco, para ver para onde a pipa se dirigia. E finalmente, muita desolação.

Não adiantava correr atrás. Vovô tinha dado muita linha e, com aquele vento, babau, cairia em Minas Gerais.

Vovô corrigiu:

— Longe demais. Quanto muito, chega a Atibaia.

Bue quis saber o que podiam fazer para ajudar.

— Não, nada — disse vovô.

E explicou que dificilmente conseguiria reaver a pipa. Os motoqueiros não ficaram convencidos e correram para as motos.

Bue disse:

— Vamos atrás dela. Se conseguirmos reaver essa pipa, voltamos ainda hoje.

Ele estendeu a mão para se despedir de vovô, mas o gesto parecia mais de pêsames. Que nem no enterro de vovó, no começo do ano passado.

Os roncos das motos possantes, de mais de 500 cilindradas, estremeceram o vale. Os motoqueiros eram Cavaleiros do Apocalipse, anunciando o fim do mundo. Trezentos metros adiante buzinaram, levantando o braço esquerdo, acenando.

— Melhor assim — disse vovô, como se estivesse pensando o que eu pensava.

Quis me certificar se o pensamento era o mesmo:

— Como melhor assim, vovô? Por causa dessa homenagem?

— Porque o Príncipe Gato morreu de maneira digna, em um dia maravilhoso como este.

Eu concordei:

— Verdade, vovô.

Dizia por dizer, um pouco para consolar vovô e também me consolar. Mas logo olhei o lago lá embaixo, de águas faiscantes por causa do sol, as casas encarapitadas nas encostas à beira de um azul de doer a vista, em um esplendoroso céu de outono. Em seguida, me sobressaltei: do outro lado do céu, um rebanho de ovelhas escuras iam apressadas para o norte, para chegar em tempo ao enterro do Príncipe.

Vovô disse:

— Melhor morrer no céu, que é o lugar dela, do que comendo poeira atrás de um armário.

6.

A troca do bebê por um gato morto

De noite, não consegui tirar da minha cabeça a perda da pipa e do Príncipe Gato, o que reavivou minhas lembranças da morte de vovó Letícia. Dizem que os pais e os avós preocupam-se muito com os filhos e com os netos, mas naquela noite eu é que estava preocupado com vovô.

Papai e mamãe, de bom humor e sem avaliar a gravidade da situação, dividiram os trabalhos na cozinha. O resultado foi uma panela de sopa no centro da mesa, para nós todos. Mas eu e vovô comemos calados, especialmente depois de papai dizer que era inútil nossa cara de enterro, pois o que se perdera fora apenas uma pipa.

Esse papai!

Mais tarde, folheava uma revista, quando vovô sentou do meu lado.

— Voltando àquela história, a senhora Liu pede que o chefe dos eunucos, Guo Hai, troque o bebê por um gato morto. E os dois ordenam a uma serva do palácio imperial, chamada Kouzhu, que jogue o recém-nascido no fosso. A serva não teve coragem. Pede ajuda a outro eunuco, chamado Chen Lin. Ele também se recusa a matar o príncipe. Fica com dó e o bebê é entregue a um dos irmãos do imperador, chamado Xian.

— Mas o que é eunuco?

Vovô pensou um pouco e disse:

— Eunuco é um homem castrado, que antigamente cuidava do harém onde ficavam as esposas do imperador chinês. Ou, no caso dos turcos, cuidava do harém do sultão. Harém é o nome do lugar em que viviam as mulheres.

— E castravam os homens que cuidavam do harém?

— Castravam.

— Bah!

— Continuo?

— Continua.

— A senhora Liu acusa então a senhora Li de dar à luz a um gato morto e por isso ela devia ser algum demônio disfarçado de mulher, enviada para matar também o imperador. Acontece que, como disse antes, as duas viviam no harém e o imperador ainda não tinha nenhum filho. O primeiro que nascesse se tornaria imperador. E sua mãe seria imperatriz, ocupando também o trono. Por isso Liu, morta de inveja, tinha executado aquele plano diabólico.

— E depois?

— Depois o imperador manda prender Li numa das alas do palácio e escolhe Liu como imperatriz. Ela tem um filho, sinal de que tudo sai conforme seus planos. O filho é o príncipe herdeiro. Mas o filho morre aos 12 anos. O imperador quase morre de tristeza. Então seu irmão, Xian, oferece a ele o filho-adotivo, aquele mesmo que tinha sido substituído no berço por um gato morto. E ele volta a ser príncipe herdeiro.

Neste momento sua voz foi chegando de longe, cada vez de mais longe e eu tive certeza de que o Príncipe Gato pedia socorro.

7.

A queda de Ícaro

Depois que a linha arrebentou, o príncipe não parou de subir. Sabia que estava livre. Que nunca mais voltaria a viver escondido atrás de um armário, respirando pó, mofo e escuridão.

Logo de início ficou emocionado. Mas pouco depois não conseguia se controlar. A força do vento o sufocava. Às vezes voava a grande velocidade sem saber para onde. Ainda se lembrava do rosto de um menino e de um velho. Quando? Tanto tempo tinha se passado!

Não queria nunca mais viver seguro atrás do armário. Isso estava claro. Mas queria também viver sua vida de príncipe, em algum lugar, e não empurrado para o espaço onde nesse momento ele não queria ir.

A noite caía. Estava cansado. Muito cansado. E sentiu-se abandonado, tão abandonado como na escuridão do sótão. Sentiu medo e começou a soluçar. O vento não se importava com seus soluços.

Começou a chover. A pipa soluçou mais forte e pediu ajuda. O vento a chicoteou com chicote de água. Ficou mais pesada. Parece que pedia ajuda. Mas a chuva ficou mais forte, para ajudar o vento em sua crueldade. E no céu estalou um raio, que partiu o coração da pipa. Ela deu um grito de horror.

Descobri, envergonhado, que era eu a dar esse grito. Amanhecia. Tinha adormecido no sofá da sala e agora estava na cama. Ouvi vozes chegando da sala. Papai despedia-se de vovô. Mamãe fazia as recomendações de sempre. Que eu devia escovar os dentes três vezes ao dia. Que eu devia comer verdura. Que eu não podia passear sozinho.

Logo papai ligou o motor do carro e os cascalhos da entrada do chalé fizeram um barulho áspero.

Os passos de vovô ressoavam na madeira. Iam e vinham. Em dado momento, aproximaram-se do seu quarto. A fresta aberta da porta deixou entrar mais um pouco de claridade. Ou talvez fosse impressão minha, ainda de olhos fechados. A verdade é que precisava salvar o Príncipe Gato. Mas de quê? Do que ele deveria salvar o Príncipe Gato? Não me lembrei de nada, quase adormecendo novamente.

Quando cheguei à sala, vovô preparava-se para sair.

— O café está servido, meu príncipe.

— Qual príncipe?

— Você, meu príncipe.

Vovô disse que pela manhã me levaria para visitar um mosaico antigo em uma fazenda, no caminho da Pedra Vermelha. O convite tinha sido feito há muito tempo pelo senhor Migliavacca e ele não podia recusar.

Enquanto passava manteiga no pão, comecei a pensar nesse convite de última hora. Mas tirei logo essa preocupação da cabeça. Sabia que há muito e muito tempo, antes de trabalhar nas ferrovias, vovô era apaixonado por mosaicos.

Chegara a estudar arte do mosaico em São Paulo, mas queria casar com uma moça muito bonita, chamada Letícia, cujo pai, diretor ferroviário em Jundiaí, impôs uma condição: que abandonasse a ideia de mosaicos, pois queria para sua filha um marido com profissão mais segura, a de ferroviário. Nunca, porém, vovô esqueceu os mosaicos.

Em 1951 a vida tomou novo rumo, quando o sindicato dos ferroviários selecionou dois voluntários para trabalhar na construção da estrada de ferro Pequim-Xangai, num gesto de boa vontade para com o novo governo comunista de Mao Zedong. Getúlio

Vargas acabava de voltar ao poder, agora pelo voto popular, e, apesar das denúncias dos proprietários da Companhia Paulista de Estradas de Ferro, o acordo não teve muita repercussão e seguiu adiante.

Vovô e vovó Letícia não era o que poderia ser chamado um casal politizado, com tendências revolucionárias. No caso de vovô, ir para a China era apenas uma oportunidade de se distanciar do sogro, pai de vovó Letícia. Também partiu numa viagem marítima de quase dois meses em busca de aventuras. E no Oriente permaneceu durante dois anos, como observador de uma das equipes que construíam a estrada de ferro Pequim-Xangai.

Numa visita ao Café Shanghai, na cidade de mesmo nome, voltou a sonhar com mosaicos. Este café exibia um enorme mosaico italiano. E vovô ficou maravilhado, repensando sua vida. Mas o que fazer agora, tanto tempo depois?

Desde essa época começou a sonhar aos pedaços, em cenas fragmentadas, com figuras compostas de cerâmica, pedra e vidro. As situações eram as mais diversas. Uma recorrente, por exemplo, é que estava voando, sem asas, certamente, e do céu procurava onde pousar. Sobrevoava uma cidade muito grande, que bem poderia ser São Paulo. Executava então uma manobra difícil, e descia... Agora, sim, tinha certeza de que era São Paulo. Aterrissava na Praça da Sé, com sua intersecção de avenidas, a Catedral, as lojas repletas de gente. Mas já no chão descobria que não estava em São Paulo, mas em um grande mosaico representando a cidade. Tentava mover os braços e não conseguia. Tentava pedir socorro e sua boca não se abria. Olhava em volta, as pessoas apenas o observavam, curiosas. Descobria então, com horror, que ele também integrava o mosaico.

Ele recusava então fazer parte de um mosaico. Parado. Estático. A imagem poderia ser bela, só que lhe faltava movimento. Mas o que fazer, se não conseguia gritar? Assim mesmo, contava vovô, não desistia. Aí apareciam algumas meninas da escola primária, em visita ao belo mosaico. Vinte ou trinta estudantes. Nesse devaneio ouvia distintamente: "Como lhes falei, crianças, este mosaico representa *A Queda de Ícaro*".

Essas palavras deixavam vovô ainda mais desesperado.

8.

A caminho da Pedra Vermelha

No fim dos trabalhos na estrada de ferro Pequim-Xangai, vovô voltou ao Brasil. E dizia, sempre com ar de surpresa:

— Preciso agora consertar meus sonhos.

Perguntavam:

— Como assim?

Ele respondia:

— As imagens são fragmentadas.

Mais tarde, quando vovô me contou essa história, quis saber:

— E o que é fragmentado?

— No mosaico, pequenas peças de pedra, vidro ou cerâmica de diversas cores formam imagens ou desenhos. Sonho também assim. Hoje sonhei com sua vó. O rosto dela era de cerâmica, mas os olhos, não. Os olhos eram de lápis lazúli, um tipo muito bonito de pedra. Nesse caso, cada pedra é um fragmento, um pedaço, porção, parte que vai compor o todo. Entendeu agora?

— Acho que sim. Como aquela vez em que fomos ver o mosaico de Di Cavalcanti, no Teatro de Cultura Artística?

— Claro, Marcos. Isso mesmo. Que na esquerda mostra pessoas e máscaras.

Mas o que vovó tem a ver com essas máscaras?

— Nada, nada. Esquece. Não falava sobre sua vó, mas sobre sonhos.

Como o dia estava bonito, entramos no fusquinha amarelo e pegamos a estrada para a Pedra Vermelha. O Sol arrancava cintilações da grama orvalhada. Puxei para cima o zíper de meu blusão. Vovô disse que de tarde esquentaria, o que tomei como um aviso de que a visita aos mosaicos poderia durar horas.

— Mas onde é a Pedra Vermelha?

— Mais adiante — ele respondeu.

Vovô foi devagar demais para o meu gosto. Muito devagar. Eu já estava dando razão ao papai. Ele brincava, dizendo que vovô tinha esquecido onde era o acelerador do Fusca. De fato, com vovô, a velocidade baixava às vezes para 20 ou 30 quilômetros por hora, criando uma fila enorme de carros e me fazendo sentir vergonha.

Vovô não ligava.

— Se aqui a velocidade máxima é 30, por que eu iria a 70 por hora?

— E o Fusca chega a 70, vô?

Ficou surpreso com a pergunta.

— Não, não chega. Mas isso não importa. Prudência e caldo de galinha não fazem mal a ninguém. E vamos hoje fazer um belo passeio, não é mesmo?

— Claro — respondi.

— Mas olha bem ali.

Olhei. Como íamos devagar, pude ver o corpo de um gato cinza, tendendo ao marrom, debaixo de uma castanheira. Vovô fez sinal e parou o carro fora da estrada. Não devia fazer muito tempo que o felino tinha morrido. Em alguns pontos lhe faltava pelo, espalhado aqui e ali pelo chão.

— Atropelado, ao atravessar a estrada — sentenciou vovô.

Instantes depois, nem bem havíamos avançado dois ou três quilômetros, vovô parou numa casa de beira de estrada para fazer algumas perguntas. Uma mulher, que varria diante do portão, escutou o que ele dizia um pouco desconfiada.

Deu para entender que ele não queria saber a direção de algum lugar na estrada, da fazenda do Senhor Migliavacca, por exemplo, mas de algum lugar no céu. Achei estranho. Mosaicos ou gatos não voam no céu. Pipas, sim.

— Quer dizer que você não viu nada?

A mulher deu de ombros. Não, não tinha visto cair nada do céu nas redondezas. Certeza, porém, não poderia dar. E brincou:

— A gente aqui não passa o dia à janela, esperando ver caírem objetos do céu.

Vovô despediu-se e voltou para o carro. Respirou fundo. Deu uma leve batida na barra da direção.

— Engraçadinha!

Estava visivelmente de mau humor. Perguntei se iríamos mesmo admirar os tais mosaicos. Ele respondeu que sim, mas tinha intenção de pedir informações sobre a pipa, já que a sua devia ter caído naquela região.

— É uma pipa de grandes dimensões. Alguém deve ter visto quando ela caiu. Tenho certeza. Ou então esse pessoal é cego.

Por duas ou três vezes ainda parou para perguntar, sem jeito, se tinha ali despencado uma pipa do céu. Algumas pessoas riam, achando que estivesse brincando. Mas a resposta era invariavelmente "não".

9.

Os falsos monges que soltavam pipas

O mosaico que visitamos, numa pequena capela da Fazenda Migliavacca mostrava um lugar estranho, talvez o pátio de um mosteiro, onde dezenas de monges corriam, cada um soltando uma pipa.

Essa foi minha primeira impressão do mosaico.

Até ali, era o próprio senhor Migliavacca, um homem de uns 50 anos, que nos recebia. Ele tinha um rosto redondo e sorria sempre. No início, não quis acreditar quando soube que também estávamos ali por uma pipa.

— O assunto da pipa discutiremos daqui a pouco. Primeiro, quero lhe mostrar algo de que vai gostar.

Ali estávamos, portanto, diante do mosaico dos monges, depois de percorrer diversas peças da casa em estilo colonial.

A segunda impressão que tive era a de que tinha valido a pena chegar até ali, pois o mosaico era muito bonito. As cores suaves contrastavam com os tons vivos das pipas que os monges empinavam. Algumas já iam bem altas, além das galerias dos claustros que contornavam o pátio.

O senhor Migliavacca quis saber se eu achava bonito o mosaico. "Sim", disse, "muito bonito". Ele perguntou o que eu estava vendo. Eu descrevi então os monges, as pipas coloridas e o mosteiro.

O senhor Migliavacca disse:

— Sua descrição é correta, mas falha em algumas partes. Olhe bem as imagens.

Olhei. Não consegui ver outra coisa além dos mesmos monges, do pátio e das pipas.

— Não consigo ver outra coisa.

Vovô interessou-se pela conversa e ficou ao meu lado. Mas tomou o partido do senhor Migliavacca.

— Que é um mosteiro, não resta dúvida. Mas olha bem os monges.

Ainda examinava os monges quando ouvi vovô falar:

— Esses monges não são monges. Todos eles têm capuz na cabeça, mas um deles, um só, soltando a pipa, vira-se para quem observa o mosaico. O que você vê?

— Qual?

— Aquele ali — apontou vovô. — Ele não tem cara de monge.

Fiquei surpreso.

— De gato!

— Felino, mas não um gato.

— Qual, vovô?

— Examine bem: a cara é de uma onça-parda.

E não é que ele tinha razão!

— Mas tenho uma coisa para falar — eu disse.

— O quê? — quis saber Migliavacca.

— Essas onças-pardas, vestidas de monge, não sabem soltar pipa.

— Explica, menino.

— Pela minha experiência, não podem correr em todas as direções.

— E daí?

— Daí que se o vento soprar para o sul, o soltador de pipa deve correr para o norte. Se soprar para oeste, ele tem de correr para o leste. É assim que se empina uma pipa, em São Paulo ou em qualquer lugar — eu disse orgulhoso.

Vovô e o Senhor Migliavacca se entreolharam. Vovô falou:

— Não deixa de ser um dos mosaicos mais belos que vi em toda a minha vida.

Migliavacca concordou.

— Sublime!

— Quem fez? — perguntou vovô aproximando-se da lateral inferior daquela obra de arte. Eu, que já tinha lido o nome do artista, disse:

— Félix Gattuso.

10.

O caso do menino adotado por onças

Depois do mosaico, as discussões giraram em torno do artista.

Eu disse orgulhoso:

— Conheço um Borba Gato, que era bandeirante. Mas Félix Gattuso, não.

— Félix Gattuso — explicou Migliavacca. — Mora mais adiante, já na encosta da Pedra Vermelha. Vão adorar a paisagem. Lá de cima podem avistar, inclusive, o lago da Ponte Nova.

Vovô pareceu entusiasmado.

— Preciso conhecer esse artista.

Migliavacca sorriu.

— Devagar, Beppe.

— Por que, devagar?

— Já te contei o caso de um menino adotado por um casal de onças-pardas há quase quarenta anos?... Claro que te contei. Eram cortadores de cana que se instalaram na Serra da Cantareira. O homem e a mulher estavam cansados de serem boias-frias na região de Ribeirão Preto. Queriam um emprego mais tranquilo. Conseguiram emprego de caseiros. A mulher, grávida, logo teve um filho. Contam que era bonito, apesar de todo recém-nascido ser belo como um joelho.

No início gostaram do emprego. Da paisagem. Dos montes azulados se sucedendo. Do canto dos pássaros de manhã. Da névoa. Tempos depois começaram os assaltos e roubos na região. Uma noite, os bandidos invadiram a casa em que moravam e os mataram, sobrando apenas o menino de alguns meses. Nessa mesma época, uma onça-parda tinha dado cria e havia perdido os filhotes. Pois esteja certo, Beppe, a onça-parda adotou o menino e o amamentou. Ele conseguiu sobreviver. O nome? Félix Gattuso. Esse mesmo! Vive recluso na encosta da Pedra Vermelha. Perdeu a razão e se aposentou como trabalhador rural.

— Mas que é um artista sensível, não se discute — disse vovô.

— Faça o que achar melhor. Não custa procurá-lo.

— Levo em consideração o que me conta, senhor Migliavacca.

— Quanto ao segundo motivo de sua vinda — prosseguiu o Senhor Migliavacca –, achar a pipa extraviada, mandarei Genésio, meu funcionário, que você conhece, ao Bar do Pedrão. Um bom lugar. Nos fins de semana, reúne-se ali boa parte dos moradores da encosta da Pedra Vermelha e também de alguns bairros de Mairiporã. Você sabe, não há muito com que se distrair, principalmente quando os filhos vão embora, deixando para trás uma cidade fantasma. Ah, outra coisa: vou pedir a Beatriz que se informe por telefone se alguém sabe de alguma coisa. Enquanto esperamos, colocamos nossos assuntos em dia.

Vovô parecia desconfortável. Envergonhava-se por exigir a atenção de Migliavacca por um assunto tão banal. Afinal, como diz papai, uma pipa é uma pipa. Mas no fim concordou. O senhor Migliavacca era um amigo de longa data, que também havia trabalhado na ferrovia.

— E você, Marcos, se quiser, depois do almoço mando encilhar um cavalo e pode passear um pouco pela fazenda. Tem muita coisa interessante. É uma fazenda modelo, como se diz. Se ficar até de manhã, pode, inclusive, participar da ordenha.

Agradeci as amabilidades do senhor Migliavacca e só posso dizer que o almoço foi especial, no restaurante amplo, cheio de fotografias antigas da região. Passei uma por uma, observando a construção das casas de madeira na encosta da montanha, e também vi fotos do restaurante em diversas épocas, era um dos mais antigos da região e, como dizia uma placa, "desde 1896 servindo você".

Delicioso mesmo era o cardápio do dia:

✓ Filé mignon a parmegiana, arroz e fritas.
✓ Filé mignon ao molho madeira, arroz, fritas e purê.
✓ Filé mignon com legumes e arroz.
✓ Picanha gaúcha com arroz, fritas, farofa e legumes.
✓ Contrafilé a cavalo, arroz, fritas, farofa e legumes.
✓ Contrafilé a parmegiana, arroz e fritas.
✓ Contrafilé, arroz, fritas, feijão e purê.
✓ Chuleta alho e óleo, fritas, arroz, feijão e farofa.

O salão enorme logo se encheu de trabalhadores, principalmente da construção civil, que refaziam um trecho da estrada e construíam um muro de arrimo, na subida para Atibaia.

Pouco depois, dois homens do *Parque da Serra da Cantareira* ocuparam a mesa ao lado e o senhor Migliavacca fez as apresentações. Vovô, naturalmente, quis saber os motivos da morte dos gatos selvagens. Eles responderam que ainda não tinham uma ideia formada e estavam ali para isso mesmo: estudar o que acontecia. Um deles disse que havia uma migração intensa de felinos dos lugares mais altos para os mais baixos, pela carência de alimentos mais ao norte, na Serra da Mantiqueira.

11.

As árvores riam na beira da estrada

Bem manso, o cavalo. E depois do trote, tentei um galope. Aos poucos fui afastando, sempre com o cuidado de não me distanciar muito. Mais tarde, vieram me dizer que dentro de pouco seria servido um lanche. Quem avisava era um menino de minha idade, um pouco tímido com uma boina na cabeça.

— Por favor, diz ao meu avô e ao senhor Migliavacca que estou sem fome. Quero aproveitar para passear um pouco mais.

O menino trabalhava na fazenda. Devia ser muito estranho, com aquela idade, já estar pegando duro.

Pensando nisso, cortei o campo em todas as direções, até cansar.

Na volta, parei debaixo de um pé de cinamomo. Amarrei o cavalo em um arbusto. Fechei os olhos, sentindo o quanto era bom estar ali, na montanha, com uma temperatura agradável e uma brisa refrescante.

Acho que dormi. Ou quase. Ao reabrir os olhos, vi que o cavalo estava nervoso, puxando a rédea para se soltar. Um cachorro latia bem longe. Sonolento, me levantei para ver o que acontecia. E dei de cara com três gatos selvagens.

Nunca os tinha visto de perto. Um rajado. Os outros dois, cinzentos, pendendo para o castanho. Prendi a respiração e olhei fixo para eles. Parece que não queriam atacar. Gato ataca sem ser provocado?

Podia ser que me considerassem inimigo, pois poderia ter entrado no território deles. "Acham que vim aqui comer borboletas, o prato preferido deles. E ratos", pensei.

Aos poucos, me dei conta de que eles não me conheciam. Nem sabia a diferença entre gente e animal. E estavam ali porque têm instinto de defesa aguçado.

Saí de mansinho, puxando o cavalo pela rédea, e olhando para trás. Os gatos então deram alguns passos para a frente, até onde eu estava deitado há pouco, e se asseguraram que eu não tinha urinado em território alheio.

Observei-os ainda por alguns instantes e pensei que vovô iria gostar de minha descoberta. Porém, quando cheguei à casa principal da administração encontrei tudo em alvoroço. Me procuravam há tempo. Principalmente vovô. Por outro lado, a secretária do senhor Migliavacca, dona Beatriz, tinha recebido informações de um senhor Gattuso, que tinha visto algo caindo do céu no dia anterior. Se era pipa, não sabia, mas cometa certamente não era.

Vovô despediu-se do senhor Migliavacca e partimos na direção da casa do senhor Félix Gattuso, de acordo com as indicações não muito precisas de dona Beatriz. Ajudei vovô a localizar a estrada na internet.

Dessa vez, vovô dirigiu em alta velocidade. Quarenta quilômetros por hora. Impressionante. Brinquei com ele.

— As árvores da beira da estrada estão rindo. E acho que riem da gente.

Vovô caiu na armadilha, ou pelo menos fingiu ter caído.

— E por quê?

— Paradas, são mais velozes que o carro.

Vovô não sabia se ria ou se me chamava atenção. Afinal de contas, era uma falta de respeito. Apesar disso, preferiu o riso.

— O senhor, hein, Marcos!
— Eu o quê?
— Está ficando esperto.

Ri com vovô. De fato, achava que estava mudando. Alguém me dizia uma coisa e me vinha uma resposta rápida, que de início parecia que nada tinha a ver com o que me havia sido dito. Mas logo dava para descobrir a relação. Gostava principalmente de jogar com as palavras. Com o tempo, as frases começaram a ficar gostosas na minha boca e eu não fazia nada, além de soltá-las, surpreendendo quem me ouvia.

— Acha que encontramos a pipa?
— Pode ser, pode ser — disse vovô.

Nem bem acabou de responder, deu uma guinada para a direita, quase saindo da estrada. Eu senti uma dor forte no estômago, porque fui jogado para os lados e o cinto de segurança me apertou na barriga. Um gato do mato cruzou o asfalto e sumiu na vegetação espessa.

Quando paramos para eu poder respirar, pois não me sentia bem, tive a sensação de ser observado. Vovô também teve essa impressão. Foi até o início da mata, mas nada viu de extraordinário. De repente, o pio de uma coruja. Outra respondeu. Depois, levantavam voo, agitando a folhagem.

Depois de voltas e voltas, encontramos a casa do senhor Gattuso. Era um homem pequeno, de cabelos escuros. Bem magro. As orelhas pontudas. Bigode ralo, metade para um lado, metade para o outro. Gattuso. Tem gente cujo nome serve de identidade. Gattuso. Pago pra ver.

Ele estava incomodado com meu olhar fixo. Quando vovô pediu que confirmasse a queda da pipa, disse:

— Se era pipa, não sei. Mas quando fui ver o que estava acontecendo, os pigmeus já tinham levado embora aquele misterioso objeto.

— Pipa?

— Ou disco voador — respondeu.

12.

Os pigmeus levaram a pipa?

Continuamos nosso percurso, entrando em todos os restaurantes na encosta da Pedra Vermelha, retornando ao Recanto dos Lesi, de Lesi voltando a Pinedo e de Pinedo subindo a Mairiporã. Em um boteco, antes do povoado, nos mandaram falar com o garçom. Era um rapaz forte, atarracado, com traços morenos, mas que puxava os erres como os caipiras. Confirmou que tinha caído, sim, uma pipa enorme, no dia anterior, igual a que vovô descrevia, e quem tinha informações mais detalhadas era um tal de Gattuso, na encosta da Pedra Vermelha.

De novo Gattuso. De novo Pedra Vermelha.

— Estivemos lá faz pouco.

— Falaram com Gattuso?

— Falamos.

— Será que é o mesmo? Ainda ontem servia uma das mesas e vi esse Gattuso conversando naquela ali — e apontou para a mesa, agora vazia — sobre fatos esquisitos na região.

Eu me adiantei:

— Ele tem orelhas pontudas, assim, parecidas com as de um gato?

O garçom coçou a cabeça:

— Bom, se eram orelhas de gato, não posso confirmar. Ontem, bebeu mais do que o aconselhável, mas se portou bem. Não somos curiosos, mas dizem que o pai veio de Ribeirão Preto ou Votuporanga, não sei bem. E deve ser um bom caçador, pois conhece como ninguém a fauna da Cantareira e o comportamento animal. Pensando bem, acho que o menino tem razão. Tem de fato orelhas eretas, um tanto felinas. Mas é assim. Cada um tem seu jeito, não é mesmo? Preferível ter orelhas felinas do que as de Dumbo dos desenhos animados.

Voltamos então para a Pedra Vermelha, para tirar a limpo essas informações. Não estávamos muito longe, pouco mais de sete quilômetros apenas. E durante o percurso, com a noite caindo, vovô perguntou:

— Onde estávamos mesmo?

— Na Cantareira.

Ele riu:

— Na Cantareira, eu sei, estropício. Onde estamos na história.

— Ah, a história.

— Como eu dizia, Liu tornou-se imperatriz depois de dizer que Li, a mãe do príncipe herdeiro, tinha dado à luz um gato morto. E o menino que tinha nascido, filho de Li e do imperador, voltava agora para o imperador, devolvido por seu irmão. Li, por sua vez, ainda estava exilada numa das alas do castelo.

Até aí, tudo bem. Acontece que Liu recebe o príncipe que ela tinha mandado matar e não o reconhece, claro, mas sente que algo de muito estranho está acontecendo. Um pânico vem, mas ela não sabe de onde, sente olhos que parecem observá-la, uns calafrios, e a certeza de que isso começou depois que o imperador escolheu aquele rapaz tímido e estudioso como príncipe herdeiro.

"Deixa estar", ela pensou, mas imediatamente mudou o pensamento para "Não deixarei como está". A primeira coisa que fez foi incendiar a ala do castelo onde Li estava presa. A segunda, prender e interrogar a aia Kouzhu. Mesmo depois de muita tortura — enfiar agulha atrás da unha, torcer a orelha até virar parafuso, ficar imobilizada recebendo na testa pingos d'água de uma torneira, hora depois de hora, dia depois de dia — a aia recusou-se a falar e cometeu suicídio.

Depois de muito pedir, Li teve permissão para morar em um convento, onde se tornou monja budista. E cinco anos depois, com a morte do imperador, o príncipe Chen Lin subiu ao trono. O jovem soberano sai então à procura de Li e a encontra em um santuário no alto da montanha. E no dia do aniversário de seu tio Xian, Liu e Guo Hai, o eunuco, são presos. O novo imperador finalmente conhece sua mãe.

— Só?

— E ainda pergunta só?

— Estou brincando. E o que tem a ver a história com a pipa?

Vovô riu.

— Cabeça de porongo! Essa história é muito conhecida na China. Fizeram uma ópera e nessa ópera contam a história do Príncipe Gato que volta a ser herdeiro do trono. Só isso. O personagem usa uma máscara de gato.

— Como o senhor Gattuso?

— Gattuso não tem nada a ver com isso, Marcos. Que coisa! A história tem mais de mil anos.

Quando chegamos à casa do senhor Gattuso, apesar das luzes acesas, ninguém veio à porta. Ainda pensei: "como acreditar nas informações de alguém que viu pigmeus levarem embora uma pipa?".

Ali ficamos por mais alguns instantes. Descobrimos que mais adiante a varanda formava um cotovelo, continuando na lateral da casa, iluminada pela luz filtrada por uma janela mais adiante. Avançamos. Era uma porta, que dava para a cozinha. Vovô disse:

— O que estamos fazendo não é certo. Ninguém tem a obrigação de receber de noite, em sua casa, dois estranhos que chegam procurando notícias sobre uma pipa ridícula.

Não é que vovô tinha razão? Cheguei à porta e olhei pelo vão da cortina interna. Havia uma mesa posta, com dois pratos, iluminados por uma luz que pendia do teto. O fio elétrico formava um arco e se alimentava da eletricidade ao lado do guarda-comida. Havia duas pessoas sentadas à mesa.

Vovô repetiu que não, não era certo como estávamos procedendo.

— Vamos voltar imediatamente para o carro — disse, afastando-se.

Observei dentro da cozinha as duas pessoas à mesa. Muito estranhas. Quando o vento derrubou um galho no telhado, uma dessas pessoas, de quem não conseguia ver o rosto, sobressaltou-se, repuxando o músculo das orelhas e inclinando-as para trás, como fazem os felinos com raiva.

Ele deu um grunhido cortante, como o dos felinos prestes ao ataque. E se suas mãos fugiram do meu campo de visão, isso não aconteceu com os pés: duas patas peludas, de garras afiadas. Flexionou as pernas, leve, que nem gafanhoto, e saltou, alcançando a janela.

Tinha lido em algum lugar que nos momentos de extremo perigo, a gente perde a voz. Eu não perdi apenas a voz. Eu me perdi. Não sabia mais onde estava. Se morto, vivo, se já tinha nascido ou se era uma ameba sonhando ser estrela. Onde é que eu tinha me posto? Cadê eu? Olhei ao meu lado e não me vi. Senti pânico. Em que lugar dentro da densa noite dos tempos eu tinha me deixado? Respirei fundo. Quer dizer, algo, alguém ou alguma coisa me respirou fundo. E então descobri meus pés. Dei ordem de retirada e eles recuaram. Tanto melhor. Eram meus e me obedeciam. Que alívio. Logo a seguir minhas pernas. Eu respirava. E fugi me levando comigo.

13.

Estranhei esse Gattuso à primeira vista

Na fuga, olhei para trás e notei que ninguém me perseguia. Será que tinha sido uma alucinação? Estava imaginando coisas? Ou tudo aquilo acontecia com outra pessoa, um segundo Marcos Bataglia, que tinha outra vida, que morava em outra cidade e que estudava em outra escola, mas que de noite se perguntava: o que o paspalho do meu sósia de São Paulo anda pensando?

Senti um calafrio e comecei a tremer.

Perto do carro, me contive. Se abrisse a porta pedindo que vovô pisasse no acelerador, teria de contar o que vi. E ele caçoaria de mim. Certeza. Contar mais tarde ao papai, nem pensar. Ele correria aos jornais para noticiar que tinha um filho parvo, dado a visões sem pé nem cabeça.

Espera aí, minha visão tinha pé e cabeça. Só que cabeça felina. Certeza, o senhor Gattuso era uma onça-parda. Onça macho, bem entendido. Parda? Que disparate. Até eu mesmo não acreditava mais em mim.

Revi a situação. Tinha de fato ouvido bater a porta da varanda? Gattuso tinha dado um pulo de gafanhoto na janela? O que quer que tivesse acontecido, melhor me prevenir. Que vovô, por exemplo, saísse dali na velocidade máxima. Só que velocidade máxima de um fusca é a passo lento, como esses avisos reservados aos motoristas que entram em zona de pedestre.

De novo olhei para a casa iluminada. Nenhum ruído. Nada. E diante de mim, o velho fusca de vovô. As rodas reumáticas. Dor nas juntas da direção. Câmbio com unha encravada. Motor engrupido. E as marchas... lentas. E lá íamos nós. Eu, inteiro, porque tinha me achado no medo do homem-onça, se bem que...

— Vô, vi uma coisa muito estranha naquela casa.

— Também vi, Marcos, por isso quis que saíssemos de lá.

— O gato?

— A onça.

— Mas já sabia?

— Só de ouvir falar.

— O menino que foi adotado por felinos selvagens?

— Esse mesmo.

— E que sobreviveu?

— Sim, no alto, a mais de mil metros de altura. Estava ao lado de uma caverna onde vivia um casal de onças-pardas e os filhotes. A fêmea agiu como se fosse sua mãe. E assim aprendeu a língua dos felinos. Não a nossa língua de palavras. Outra língua. A de rugidos e de silêncios.

— Mas isso foi verdade, vô?

Vovô apenas observou:

— Estranhei esse Gattuso à primeira vista.

Em seguida, o fusca se pôs a tossir e parou. Vovô tentou dar a partida novamente, mas o motor engasgou, tossiu que tossiu, e se calou.

— E agora, vovô?

— Afogou. Acho que o motor afogou.

"Mais essa", pensei. Afogado, assim, no alto da montanha. Até que o dia tinha começado bem, mas agora, de noite, ia de mal a pior.

— Melhor empurrar o carro — disse ele — vamos ver se pega no tranco.

Estava frio fora do carro. Naquele trecho, a estrada era plana. E por mais que um fusca pareça leve, minhas mãos começaram a doer de tanto empurrar.

O carro saía do lugar, mas no momento em que vovô soltava a embreagem e injetava gasolina, ele destrambelhava, *cof, cof,* e parava para apreciar as estrelas do céu. Eu não olhava para elas, preocupado com outras faíscas: as de dezenas de olhos a me observarem do meio do matagal.

    Um gavião piou, dando alguma notícia. As asas bateram. Os galhos das árvores balançaram, como se deles estivesse nascendo o medo. Um medo enorme. Me vieram lágrimas aos olhos.

    — Empurra, Marcos. Tenta a última vez.

    Não tentei. Fui sentar na beira da estrada e comecei a chorar. Ali, no meio da noite, com vovô, atrás de uma ridícula pipa. Vovô disse para eu entrar no carro. Nem respondi. Ele veio e sentou-se ao meu lado. Ouvi passos dentro do mato. Bem leves. Tão leves que não pareciam de um ser humano.

    Juro que vovô estava preocupado, mas não sei se também pelos ruídos da noite, se por estarmos ali sozinhos ou se apenas pensava quão estúpida tinha sido a ideia de encontrar uma estúpida pipa.

    Logo apareceu o primeiro gato selvagem na beira da estrada. Depois outro. Mais um. Três mais, em seguida. Aumentando sempre. Dez, se conseguia enxergar todos. Olhos brilhantes e parados. Tomando nota dos intrusos. Preparando a guerra. Dezenas, agora. Vovô fez um gesto para que se fossem. Nem ligaram.

14.

O esforço para se manter vivo

     A floresta agitou-se novamente e de dentro dela, do outro lado da estrada, saíram quatro ou cinco felinos, onças, certamente, porque esses, sim, eram grandes, com uns 70 centímetros de altura. Isso significou um aviso, uma senha, uma ordem. Os outros gatos imediatamente se puseram de pé, apoiando-se apenas nas duas patas traseiras. Eles organizaram-se em grupos e atravessaram a estrada, ferozes, mostrando os dentes e nos fazendo recuar.

     Ao recuarmos, porém, nos demos conta de que a única saída que nos restava era entrar no mato. E se fosse um estratagema dos felinos? Novamente, melhor obedecer.

Sei bem, vão dizer: "Como acreditar em gatos e onças-pardas que procuram dominar um velho e uma criança, tarde da noite, na Cantareira".

Escuta aqui, pouco me importa se alguém acredita ou não no que aconteceu. Em situação semelhante, ninguém pensa: "Ah, não vou pular daqui e fugir porque depois ninguém acredita no que eu vou contar". Ora, eu pulo e vejo no que dá. Meu instinto é a vida e não a morte. Por isso, procuro afastar o perigo. Se alguém puser em dúvida o que aconteceu, dou de ombros. Se vivi apenas uma lorota, sinto muito, hora de ir ao médico explicar e pedir esclarecimentos sobre esse modo de agir. Agora, se tudo foi real, valeu o esforço para me manter vivo. Porque, vamos e venhamos, tem horas na vida em que a gente nem sabe reconhecer se está vivo ou morto.

E, querendo viver, eu e vovô entramos no mato, mas nem bem demos quinze passos caímos em um buraco. Aquela sensação horrível de que a terra nos falta aos pés e nos precipitamos no vazio. Não sei como acontece com você, leitor, mas no perigo mais extremo, sinto sono. E se não me salvar, pelo menos morro dormindo. Covarde? Não diria isso. Estúpido, mas covarde, não.

Talvez há milhares ou milhões de anos meus antepassados tenham sido avestruzes, aqueles que afundam a cabeça na areia nos momentos de perigo. A reação é instintiva. Teria até vantagens coletivas se todos nós agíssemos assim. No caso de guerra, por exemplo, todos os soldados dormiriam na hora do ataque. E sem ataque não existe guerra. Sobre o mundo, reinaria a imensa paz dos vivos e não dos mortos.

Só que eu e vovô acordamos amarrados. Como? Não sabia. Não imagino por que estávamos no que deveria ser a casa do Gattuso, de pouco antes; sim, Félix Gattuso. E esse Gattuso disse:

— Bisbilhoteiros sempre têm um preço a pagar.

Em seguida, ele nos empurrou para debaixo da mesa. Conseguíamos agora ver apenas seus pés calçados, sem sinal de patas ou de garras. Procurei examinar melhor, mas as cordas eram finas e me machucavam.

Félix Gattuso perguntou então por que estávamos interessados no Príncipe Gato. Vovô não deixou por menos:

— Porque é minha, ora!

Gattuso riu. Era estranho vê-lo rir, agachado ao lado da mesa. Ria, claro, como os gatos riem. Um riso felino. Rascante. Um riso mais para o rugido. Ameaçador. Ele riu como um gato chamado Gattuso poderia rir. Ríspido e feroz. Ria? Rugia? Diferença mínima, contanto que provocasse medo. E esturrava com voz de garganta e de garras.

Quando falava alguma coisa, suas narinas se contraíam e se dilatavam.

— Roubar o deus dos gatos... Que ousadia!

Logo eu, com meus quase nove anos, numa situação dessas. Eu, especialista em desenhos animados, onde tudo é possível, não conseguia me desvencilhar das amarras. Minhas ideias passavam diante de mim aos trambolhões.

Procurava manter a calma.

Marcos, isso não acontece com você. Ao se perder, você não se achou. Quem está amarrado aqui é aquele outro menino. Deixa de bobagem.

Se não fosse eu preso ali, eu, o outro eu, claro, ainda estaria perdido ou não existiria. E senti calafrio com a possibilidade de não existir. Já pensou? Minha professora, de quem gosto muito, também não existiria e, por não existir, seria uma perda maior que a da vovó.

15.

Os felinos em guerra pelo território

Gattuso ordenou que vovô me empurrasse por uma trilha no bosque dentro de um carrinho de supermercado. Isso mesmo. Carrinho de supermercado. A situação me deixava aborrecido e irritado. Parecia criancinha com a mãe fazendo compras. E onde eles tinham conseguido semelhante meio de transporte?

Eu me lembrei de notícias de roubos nos supermercados da região. Mas por que isso? Para carregar gelo no inverno até Atibaia ou Belo Horizonte? Ou para levar ar até os picos mais altos da Mantiqueira, onde essa mistura gasosa que forma a atmosfera é rarefeita?

Só Gattuso poderia responder, mas neste instante ele tinha outras prioridades. Ordenava que vovô seguisse mais rápido e ia na frente, iluminando com uma lanterna.

Andamos bem uma meia hora. Eu sentia dores intensas no corpo, talvez pela queda do barranco, ou pelos solavancos provocados por esse sistema de transporte não muito adaptado ao terreno irregular. Cada batida em tronco de árvore barrando a trilha me provocava dores atrozes.

Imagina se a cena acontecesse durante o dia, com um velho empurrando um carrinho de supermercado no meio das árvores? Quem nos visse, gostaria de saber qual supermercado era aquele em que Gattuso e vovô tinham adquirido 45 quilos de carne de menino chamado Marcos.

Logo apareceu uma onça-parda para falar com Gattuso. Onça-parda? Examinei bem para saber se era máscara. Tive dúvidas, por causa da escuridão e porque de noite todas as onças, além de onças, são pardas.

— Grr.....
— Grrr, Grrrr, Grrrrrrrrrrrrrrrrrrrrrrrrrrr.
— Gr?
— Gr.

Numa clareira, tinham amontoado dezenas de carrinhos de supermercado. Em cima, bem visível, a pipa do Príncipe Gato. Os felinos ou sósias de felinos mostravam-se contritos, inclinando a cabeça para a frente e levando a pata direita ao peito. Quatro ou cinco onças, de pé, montavam guarda.

Além de mim e de vovô, só Gattuso falava Português. De vez em quando, no meio da conversa, o próprio Gattuso interrompia o que estava dizendo e substituía as palavras por rugidos. Nem o Rio de Janeiro conseguia ter um carnaval tão autêntico quanto o da clareira.

Consegui, por mim mesmo, tirar algumas conclusões. Ou seja, Gattuso tinha sido deixado na casa da montanha depois da partida dos assaltantes. Sua família havia sido assassinada, mas ele, *Gattusinho*, sobrevivera. Depois, conseguira uma mãe: a onça da caverna. Até aí, tudo bem. Mas como explicar o período compreendido entre a amamentação na onça e o momento atual? Gattuso crescera e se cansara de viver com as onças? Achou um espelho e não gostou do que viu?

Nesse momento, ele aproxima-se do altar. Porte solene. Olhar dominador. Os outros gatos fazem ruídos estranhos. Pode ser que fosse também uma forma de celebração. Felinamente, comemoravam.

Gattuso pede silêncio e começa a falar. Gesticula. Avança as mãos para a frente, como se pretendesse agarrar no voo um pássaro imaginário. Solta-o. Sorri. Esfrega as mãos. Leva a mão direita ao pescoço.

Parece recordar-se de algo esquecido. Aponta para o Príncipe dos Gatos. E prossegue. De repente, aponta para mim. Todos se voltam. Baixam a cabeça em reverência.

Eles cantam agora uma canção sem palavras, vinda da garganta, bem bonita, por sinal. Deixam momentaneamente a pipa de lado, como se tivessem achado algo mais importante para dirigir suas atenções. Mesmo Gattuso, ignoro se com sinceridade, me olhava deslumbrado, como se eu fosse alguém muito importante. Juro que me sentia bem sendo alvo de tantas atenções.

Estou dizendo é que, sem perceber, passei a compreender um pouco os felinos. Precisavam de um deus e eu estava disponível. Gosto de ajudar os animais.

Nunca bati em um deles, a não ser na Belarmina, a cadelinha de tia Esmeralda, que um dia comeu meu chocolate. Um chute bem dado. Estrebuchou na cozinha. Tia Esmeralda veio correndo saber o que estava acontecendo. Desconfiou, mas no fim aceitou minhas explicações.

Esse negócio de deus felino, de reverências, de contrição e de respeito durou pouco, porque começou uma discussão do Gattuso com o líder das onças, um animal de muito mau humor, que dava em troca de palavras rugidos ferozes. Assim, Gattuso se pôs também a rugir. E o diálogo foi o seguinte:

— Grrrrr

— GGGGGGGGGGGGGGGGGGGGGrrrrr.

— Grrrrrrrrrrrrrrrrrrrrrrrrrrrrrrrrrrrrrrrrrrr.

— GGGGGGGGGGGGGGGGGGGGGGGGGGGGG GGGGGGGGGGrr

— Grrrrrrrrrrrrrrrrrrrrrrrrrrrrrrrrrrrrrrrrrrrrrrrrrrrrrrrr rrrrrrrrrrrrrrrrrrrrrrrrr.

— R

— G

— rrrr

— gggg

Mesmo sem tradutor, entendemos muito bem. Estavam dispostos a ir à luta.

— Temos de dar o fora daqui o quanto antes — disse vovô — antes que seja tarde.

Corremos.

Sentia os arbustos me baterem no rosto. Uma grande escuridão na frente. E ouvia que tinha começado a perseguição. Os gatos e as onças rugiam atrás de nós. Vultos aproximavam-se. Precisava novamente salvar minha pele. E, de repente, tropecei numa raiz e mergulhei.

Enquanto caía, via muitas coisas. O dia em que mamãe teve um assunto importante para resolver no cartório em Pinheiros, na Henrique Schaumman, e me deixou sozinho. Da janela envidraçada, vi quando ela se afastava. Tinha um chapéu florido na cabeça, muito bonito, enlaçado com um lenço de gaze.

Gritei, mas ela não me ouviu. Voltou-se uma, duas vezes, me procurando com os olhos na entrada de casa. Por isso achei que minhas lágrimas eram inúteis, suspendi o choro. Precisava abandonar minha autopiedade e fazer alguma coisa. Abri os olhos e mamãe já havia desaparecido.

Estávamos agora em uma pedreira abandonada. Localizei o barranco de onde tinha caído. Talvez fosse a entrada da pedreira. O certo é que minha cabeça estalava. Ao meu lado, vovô muito sério. E Gattuso falava pausado, com desconsolo na voz.

— Estou muito triste. Vocês traíram minha confiança. Os gatos e as onças não se aguentam de raiva. Vocês prejudicaram a cerimônia do Príncipe Herdeiro.

Reagi:

— Príncipe Herdeiro? Quem?

Ele sorriu.

— Meu é que não é. Dos gatos, ora. Dos felinos que estão em uma guerra por território e precisam ser pacificados. Irmão contra irmão. Culpa minha, sua, nossa.

— Nossa, quem? Estamos à procura de uma pipa. Que me pertencia, por sinal. Eu e o menino não temos culpa de nada.

— Eu sei, eu sei — disse Gattuso. — Mas precisamos fazer alguma coisa pelo reino animal. Se vocês não quiserem ajudar, tanto pior.

Vovô então disse algo que mudou repentinamente a conversa. Sua voz soou menos hostil.

— Certo, podemos cooperar. Mas, primeiro, acho essa situação absurda. Estamos passando dos limites.

Gattuso deu um rugido:

— Do que está falando? O que significa "passando dos limites"?

— Entre o sonho e a realidade.

— E o que importa se for sonho?

— Muito. Se for um sonho, essas imagens ridículas — vovô estava sendo muito duro na discussão — de carrinhos de supermercado desaparecerão. *Plof.* Bolha de ilusão, tudo desaparecerá. Inclusive o senhor, Senhor Gattuso.

Gattuso não se abalou.

— E quem está falando? Ah, entendo, *você* abre os olhos e acorda. E assim, o mal deixa de existir. Mas já pensou na possibilidade de acordar de um sonho dentro de outro sonho? E neste outro sonho nada muda. Os felinos ameaçados. A fragmentação de seu hábitat pode levá-los à extinção, sabia? Além disso, sofrem com a matança por parte de caçadores ou morrem ao atravessar uma estrada.

— Agora entendo — disse vovô. — Para compensar a morte, você vende religião. Assim, ganham o paraíso dos felinos, claro, em troca do território que perderam. Ah, Senhor Gattuso, essa é boa! Já ouvi muitas vezes a mesma história.

16.

O estouro das portas da imaginação

Três grupos de gatos selvagens guardavam a entrada da pedreira, cada grupo capitaneado por uma onça. A cena me preocupou. Se fosse história da carochinha, tudo bem, aceitaria as regras do jogo e não me importaria com uma reunião de linces e gatos no bosque ao luar. Só que não era história. Eu, Marcos Bataglia, tinha endereço. Nome e sobrenome. Carteira de identidade.

Tudo começara com a viagem à casa de vovô na Cantareira, em um carro de verdade, com um pai de verdade que tinha emprego fixo e assim por diante. E, de repente, tudo de ponta-cabeça. Tudo embaralhado. Os limites da realidade estavam nos pregando uma peça, divertindo-se a nossa custa.

Senti saudades de papai e de mamãe. Eles, sim, tinham os pés no chão. Eram práticos. Não moravam na lua, mas numa rua de São Paulo, em Pinheiros, atentos ao chão em que pisavam.

E então, a enorme certeza: eu não deveria ter saído de São Paulo, onde tudo era claridade apesar da neblina constante, com ruas desenhadas em mapas, escola onde estudavam meninos e meninas, numa realidade conhecida.

Longe de São Paulo, o circo. Um circo enorme, com um toldo feito de céu estrelado, um picadeiro de carrinhos de supermercado, bichos perigosos que rugiam. Nesse circo, éramos os palhaços. Ou queriam nos fazer de palhaço. O gérmen da imaginação de vovô contaminava.

Tudo por causa de uma pipa.

Ah, que delícia se pudesse voltar ao tempo em que tudo estava no seu lugar. Tudo agendado desde o instante em que acordava. Lavar o rosto, tomar o café da manhã, escovar os dentes, ir para a escola.

Cada coisa no seu lugar.

"Focado, você tem de viver focado", dizia papai. Nada de pensar em coisas que não fossem da escola. Nada de distrações. Não olhar pela janela, adivinhando a trajetória das nuvens. Trancar os sonhos em um cubículo e jogar fora a chave.

E o que tinha acontecido? As onças simplesmente estouraram as portas da imaginação.

Por causa de uma pipa chinesa.

Eu já estava desejando que amanhecesse porque, se fosse sonho, pelo menos tudo voltaria ao normal. No céu, as estrelas ainda brilhavam. Uma nuvem veio rápida, encobrindo a lua cheia.

Porém, não eram nuvens, mas milhares de morcegos. Deram um rasante onde estávamos. Me diverti, pensando que os gatos do bosque fossem a infantaria de um exército animal e que agora, numa demonstração de poder, tinham arregimentado a força aérea. Os morcegos pousaram na grande castanheira, na entrada da pedreira, carregando-a de estranhos frutos.

— Sinto muito — disse Gattuso — ficarão presos até o amanhecer.

— Pode me dizer o motivo? — questionou vovô.

— Estragaram nossa cerimônia. Acha que é fácil construir um altar no meio do bosque? Teremos que recomeçar tudo mais tarde, antes do Sol nascer.

— Não foi minha culpa — eu disse — me eximindo de qualquer responsabilidade.

— Claro que foi. Fugindo, estragaram tudo. Quer dizer, em parte, por que não conseguimos nos acertar.

— Com quem?

— Com quem poderia ser? Eu e as onças. As coisas não saem conforme imagino. Tanto melhor. Quer dizer, tanto pior.

— O que quer dizer com "tanto pior"?

— Tanto pior para vocês. Mas não se preocupem. Tento ainda ajeitar a situação. Tenho uma conversa com Ferrabrás, o novo líder dos homens-onças.

Da castanheira espalhou-se o odor acre dos morcegos, a maioria pendurados de cabeça para baixo, prontos para uma intervenção. Mas não era da árvore que vinha um ruído estranho, ele emanava das entranhas da terra.

— E onde vão nos prender?

— Já saberão.

Logo soubemos. Gattuso tinha tido tempo para um bom aprendizado quando viveu com as onças.

— Sigam em frente — ordenou Gattuso.

Pouco depois entrávamos em um buraco cavado no chão e avançávamos até o fundo. Na porta de entrada, duas onças-pardas montavam guarda. Se não sabíamos a linguagem das onças e dos gatos do mato, pior para nós.

Vovô parecia conformado, mas sei que não estava. Pelo jeito de olhar em volta, preparava alguma coisa. Certeza. Chamou Gattuso:

— O menino — apontou para mim — não come desde a hora do almoço. É preciso cuidar dos príncipes herdeiros. Mortos eles não servem de nada.

Gattuso perguntou, irônico:

— Asinhas de beija-flor ao molho da madrugada é um bom prato?

Meu estômago embrulhou:

— Prefiro não comer nada.

Que não nos preocupássemos, disse Gattuso, logo traria alguma coisa. De fato, voltou pouco depois com um prato delicioso de espaguete ao sugo. Parecia mais confiante.

A seguir, me separou de vovô. Perguntei o motivo. Respondeu que eu deveria me preparar com mais tranquilidade para a cerimônia.

— Nessas ocasiões, os familiares prejudicam a concentração.

17.

Seu coração? 250 gramas, no máximo!

Gattuso veio falar comigo:

— Tudo em ordem, agora. A cerimônia começa às cinco e vai até o nascer do Sol.

Me imaginei novamente em um trono de carrinhos de supermercado, cheio dos balangandãs da santificação, com os todos os meus fiéis em volta. Seria um moderno São Francisco de Assis. Cuidaria dos passarinhos que me procurassem, pois os gatos selvagens e as onças viviam de olho nessas iguarias. Imaginei meu nome nos dias festivos, em que eu seria São Marcos da Cantareira, o protetor das pipas.

Magnífico!

Entusiasmado com essa possibilidade, me julguei no direito de conversar com Gattuso de igual para igual.

— Ô Gattuso, tudo bem?

Levou um susto.

— Tudo bem.

— O que aconteceu naquela discussão com as onças, na hora da cerimônia? Você estava uma fera, hein! As onças também estavam furiosas. Quer dizer, elas sempre estiveram furiosas, mas, naquele momento, mais, ainda. Coisa grave?

Deu de ombros.

— Nada, nada. Coisa sem importância.

Como eu logo seria São Marcos, patrono das pipas e das ventanias, quis saber mais sobre o que estava sendo discutido.

— O que elas queriam?

Gattuso ficou pensativo.

— Os tradicionalistas tomaram o poder. Recusaram a homenagem.

— A mim?

— À pipa, com a efígie do Príncipe herdeiro. Mas também a você. O que eu queria era distrair todo o bando diante dessa morte inútil de gatos do mato e onças. Mas os fundamentalistas não aceitaram. Querem voltar às origens. Interpretam tudo ao pé da letra. Estão em maioria e tivemos de mudar o horário.

Fiquei emocionado. Pelo rito tradicionalista eu já

era um santo dos felinos. Logo imaginei que Gattuso poderia ser meu primeiro-ministro.

— E no novo horário acontecerá minha coroação?

De novo Gattuso se retraiu. Me olhou como se tivesse uma enorme pena de mim.

— Acho que ninguém vai ser coroado dessa vez. Acontecerá algo muito simples. Fazem o sacrifício e *zupt*, cada um para casa.

— Sacrifício de quê?

— Não sabe?

— Não, não sei.

— Coisa simples. Uma oferenda do seu coraçãozinho ao deus dos felinos.

Será que tinha entendido direito? Comecei a suar.

— O coração de quem?

— O seu. Não sabia ainda?

Engasguei:

— Não, não sabia.

Vieram-me lágrimas aos olhos. Ele tentou me consolar:

— Ah, não fique triste. É apenas um coraçãozinho. Só um coraçãozinho. Duzentos e cinquenta gramas no máximo. Todos vão adorar.

Desabei em soluços.

— Só duzentos e cinquenta gramas de coração, mas é o único que tenho.

18.

A vitória dos gatos fundamentalistas

Meus soluços foram interrompidos por uma briga de gatos contra gatos, de gatos contra onças e de onças contra onças. Gattuso estalou a língua no palato, comentou que era só o que faltava: uma guerra civil assim, entre felinos fundamentalistas e felinos modernos, por causa de uma simples cerimônia.

No início, não entendi os comentários que ele fazia, porque eu estava consternado, me perguntando como voltar para casa sem coração. Desabei novamente em choro convulsivo, mas no meio das lágrimas avistei uma saída: naquele momento, chorar demais prejudicaria minhas chances de fugir. E nem bem cheguei a essa conclusão, alguém me puxou pela mão.

Era vovô.

Gattuso nesse momento procurava apaziguar o cisma entre devotos do Príncipe Herdeiro. O melhor, neste caso, era sair sem chamar a atenção dos felinos. Quanto mais tempo tivéssemos pela frente, mais chances de salvação. A verdade é que nos distanciávamos, sim, mas em que direção? O esperado era chegarmos ao fusca. Se isso acontecesse, tudo bem, nenhum gato selvagem ou onça nos pegaria.

Já tínhamos corrido bem uns quinhentos metros quando ouvimos um urro terrível.

— Agora saem à nossa procura — disse vovô. Mas não têm um faro apurado, como os cachorros. Se tivermos sorte...

— Vovô, a pipa!

Tínhamos chegado à clareira. A pipa pontificava sobre o altar de carrinhos. Decidi levá-la comigo. Hoje, penso que não foi uma boa decisão, pois subindo pelos carrinhos de metal, perdi o equilíbrio e o altar desmoronou. Vovô gritou que eu era irresponsável, sempre aprontando coisas terríveis.

— Da outra vez fica em casa!

Vovô tinha razão. Com o estrondo, nos localizaram. Eu também estava com a razão. Tinha a pipa comigo. Vovô me implorou para que a deixasse de lado.

— Não temos tempo a perder, Marcos. Está se arriscando muito com essa porcaria.

— Porcaria nada, vô. O senhor está do lado do eunuco Guo Hai ou do lado da senhora Li?

Não disse nada. Nem tinha o que dizer, pois galhos se quebrando, rugidos e até guinchos aproximavam-se de nós. De repente, vovô me puxou para fora da trilha e, passando por uma fenda na rocha, com cuidado para não estragar a pipa, chegamos a uma plataforma pedregosa.

Madrugava.

De cima, avistamos uma trilha tortuosa que descia rente da rocha, com pequenos degraus de pedra para facilitar o passeio de turistas. Seria certamente uma rota de fuga, caso necessário. Pelo outro lado, tínhamos a trilha por onde fugíamos e por onde agora vinham nossos perseguidores, três onças de bom tamanho e uma dezena de gatos. Não corriam agora como bípedes, mas novamente como quadrúpedes. E seguiram adiante.

— Tanto melhor — disse vovô. — Temos de achar um jeito de chegar à estrada sem sermos vistos. Mas agora é perigoso. Vamos descansar um pouco e esperar clarear o dia.

Vovô pegou a pipa, deu um suspiro, e começou a desmontá-la.

Disse:

— Quando eu te der uma ordem, não me desobedeça. Está me ouvindo?

Fiquei bravo com ele por me falar daquele modo. Nem papai me falava assim.

— Claro que estou ouvindo.

— O quê?

— Nada, vovô. Nada. Me desculpe. Mas essa pipa é tão bonita!

Em seguida, dobrou a pipa, enrolando a armação de varetas na seda e reforçando as amarras com a linha que sobrava.

— Gatos e onças são animais com hábitos noturnos — disse vovô. Espero que continuem noturnos. Só assim conseguiremos voltar à nossa casa na Cantareira.

— E o que fazem de dia?

— Ficam em árvores ocas, em cavernas e nas tocas de outros animais.

Foi aí que uma mancha negra irrompeu de trás da rocha e passou por sobre nossas cabeças, ultrapassou a plataforma e desceu pela trilha íngreme que levava ao vale.

— Os morcegos — disse vovô, me puxando para trás.

— Esquisito, vovô.

— Sim, muito esquisito — concordou ele. — Quando esses morcegos se penduraram na castanheira, pouco antes da cerimônia, achei que tivesse sido coincidência. Agora tenho minhas dúvidas.

— Que dúvidas?

— Para ser sincero, não é um bando de morcegos que vimos, mas a força aérea dos fundamentalistas em voo de reconhecimento.

Eu reagi:

— Vovô, um morcego é um morcego, e só isso — e imediatamente ruborizei, por me ouvir falando como papai.

Tudo bem, tudo bem, eu não queria ser positivo como papai, mas naquele momento vovô passava dos limites.

19.

Bue, Toni Tornado e mais 70 motos de mais de 500cc

Clareou e deixamos nosso esconderijo. Olhávamos de lado com um desejo inconsciente de nos tornarmos invisíveis.

Meu avô viu que eu não largava a pipa e que me desequilibrei ao pular de uma pedra para outra. Fez careta de desgosto. Pouco depois chegamos à estrada.

— Pra que lado?

Vovô olhou para um lado, para o outro.

— À esquerda — disse.

Fomos então pela esquerda. Mas estava desconfiado que era para a direita. Vovô estava de cabelos brancos. Enganava-se fácil. Ou não? Mamãe dizia: "Seu vô anda muito esquecido. Depois que perdeu vó Letícia, anda distraído que só ele. Esquece onde deixa os óculos. Troca o nome das pessoas. E embranqueceu ainda mais a barba e os cabelos".

— Não será pela direita, vô? Não estou reconhecendo a estrada.

— Por aqui mesmo — disse ele, sem me dar muita atenção.

Estava certo. Depois de uma curva, avistamos a casa de Gattuso. Agora, sim, era perigoso. Ele podia estar atrás da cortina, nos esperando. Felizmente, quando procurávamos por ele na noite anterior, havíamos estacionado no acostamento um pouco depois da casa. Quer dizer, teríamos tempo de entrar no carro sem antes passar em frente à casa dele.

Dito e feito. Logo apareceu o teto do Fusca. A estrada continuava deserta e silenciosa. Um gavião piou. A copa de um eucalipto se agitou de pássaros em fuga. Só então percebemos a mancha escura de morcegos que nos seguia do alto, acima da copa das árvores.

Vovô ficou desconcertado.

— Temos de correr — e agarrou minha mão.

Correr, correr. Já estava cansado de correr. Tínhamos de entrar no carro e dar a partida, antes que fosse tarde. E logo que corremos uns dez metros

— faltavam ainda uns trinta até o carro — o senhor Gattuso apareceu na janela, deu um rugido e imediatamente dezenas, talvez centenas, de gatos e de onças saíram da mata e nos barraram o caminho.

Era uma emboscada.

— Hábitos noturnos, não é mesmo, vovô?

Ele não disse nada. E não havia nada mesmo a dizer. Estávamos perdidos. Eu até podia morrer, mas manteria minhas duzentas e cinquenta gramas de coração no peito. Só que, neste instante, não senti sono diante do perigo. Porque neste momento a terra tremeu e o mundo pareceu que ia acabar.

Já escutou quando todos os trovões ribombam ao mesmo tempo no meio da tempestade? E os vidros nas janelas viram cacos? E é o fim do mundo? Pois bem, naquele momento, a explosão de mil trovões foi muito maior. Uma interminável zoeira. E claro, não vinham dos gatos e onças nem da casa do senhor Gattuso.

Todos nós, eu, vovô, o senhor Gattuso, os gatos e as onças, principalmente os felinos, viramo-nos para o lado de onde vinha a zoeira. E na curva eles apareceram. E meu coração pulou no peito, querendo sair pelo ouvido. Até as árvores se agarravam umas às outras de medo. Bue na frente, seguido por setenta motos possantes, cada uma com mais de quinhentas cilindradas. Faz as contas e calcula o total de cilindradas que eu não tenho tempo.

Bue logo percebeu que estávamos em perigo. Sua moto parou ao meu lado e eu pulei na garupa. Vovô ocupou seu lugar na moto de Toni Tornado. Tudo muito rápido. Não digo que tudo aconteceu num piscar de olhos, mas quase. E imediatamente os motores explodiram novamente e descemos a estrada, enquanto os felinos fugiam apavorados para o matagal.

— Agora, sim, eu me sentia São Marcos da Cantareira, o santo padroeiro das pipas e dos felinos.

20.

Papai Noel, anjos e outras coisas que existem

No caminho de volta para casa, papai perguntou o que tínhamos feito. Contei tudo e ele escutou em silêncio. Ao ouvir de nosso encontro com Gattuso e do altar de carrinhos de supermercado, freou repentinamente o carro no acostamento. Passou a mão na minha cabeça e disse, com tristeza na voz:

— A imaginação é perigosa, filho. Por que não volta à realidade? Com quase nove anos é hora de deixar de lado fantasias e pisar no chão. Essa fase passará logo. Pode estar certo de que eu e sua mãe estamos do seu lado.

Ouvir isso me deu uma tristeza muito grande.

Depois contei pelo telefone ao vovô o que estava acontecendo. Ele disse para não me preocupar. Que os pais às vezes ficam aflitos com seus filhos, mas que isso é uma coisa normal. Aconselhou-me a ser sincero quando me perguntassem alguma coisa, mas que esquecesse por enquanto o senhor Gattuso e a guerra dos felinos.

Eu não imaginava que o acontecido tivesse tanta repercussão familiar, pois logo veio o médico, doutor Ambrósio. Aconselhou mamãe e papai a manter vovô a distância de casa. E que ele mesmo iria visitá-lo na Cantareira, porque, afinal de contas, era também seu amigo e um amigo não pode ser deixado sozinho numa situação difícil.

Apesar de tudo, a vida foi voltando ao normal. Quer dizer, a nossa vida. Já vovô não estava bem, num estado que dona Renata, a vizinha do andar abaixo do nosso, chamava de melancolia.

No início de dezembro um grande presépio foi armado na Praça Benedito Calixto, em Pinheiros, entre as ruas Teodoro Sampaio e Cardeal Arcoverde, que se encheu de luzes e de cantos. De noite, algumas barracas iluminavam-se, enfeitadas com árvores de natal, Papai Noel, anjinhos e outras coisas que existem.

Vovô até passou conosco os últimos dias do ano. Nem parecia o mesmo. O médico falou em tristeza, mas o senhor Horácio, marido de dona Renata, perguntou se o termo exato não seria depressão. Aí todo mundo se calou, porque tristeza e melancolia eram palavras bonitas, mas depressão levava a hospital e a remédios.

Pelo meu lado, de vez em quando subia a escadaria da igreja e olhava a praça. Em vez de crianças andando de bicicleta, famílias passeando entre as barracas de comida, de roupas e de objetos raros, eu avistava dezenas de vultos vestidos à antiga, de capuz marrom cobrindo a cabeça, correndo em um esforço desordenado para soltar pipas.

E então, de repente, me pegava sem saber se a viagem à Pedra Vermelha tinha acontecido de verdade ou se tinha sido um sonho. Eu não tinha ninguém com quem conversar sobre esse assunto.

Como vovô tinha piorado, veio morar conosco em Pinheiros, em definitivo. Mamãe continuou dizendo que ele estava assim por causa da falta de vovó Letícia. Eu não disse mais nada. Chegou fevereiro, e depois de muitas chuvas e alagamentos, estávamos no Parque do Ibirapuera.

Encostado num dos pilares da arcada, tudo começou a me parecer estranho. As conversas. A agitação perto do lago. Os meninos e as meninas de bicicleta ou de patins. E vovô, pensativo.

Nesse momento, papai consultou o relógio e disse:

— Se nos apressarmos, pegamos o desfile da Rosas de Ouro, na Freguesia do Ó.

— Onde?

— Freguesia do Ó, menino.

Antes de sair, papai pôs um lenço na cabeça, vestiu uma calça e uma camisa preta, com uma caveira e uma tíbia, e cobriu o olho esquerdo com um pedaço de pano preto, além de duas pulseiras servindo de brincos.

— *Eu sou o pirata da perna de pau*, cantou. O que acham?

— Onde comprou isso, papai?

Ele riu:

— De outros carnavais, Marcos.

Logo veio mamãe. Muito bonita. Tinha um vestido cheio de fru-fru, com uma máscara lembrando um felino.

Fazia muito tempo que não via papai assim. Alegre. Parecia uma criança, rindo todo o tempo durante o trajeto de carro até a Freguesia. Pelo menos a chuva dos últimos tempos tinha ido embora. Cruzávamos pelas ruas com pessoas fantasiadas, às vezes famílias inteiras. A cidade estava transformada. Papai e mamãe por nada no mundo perdiam a pose. Não gritavam, como a maioria das pessoas na rua ou em outros carros, com a voz estridente do Pato Donald, nem miavam de um jeito horrível. Papai só tamborilava no volante do carro, e cantava:

— *Eu sou o pirata da perna de pau*
Dos olhos de vidro e da cara de mau.

Vovô, antes sisudo, adaptava-se com facilidade à nova situação. Papai disse que compraria para vovô e para mim uma máscara quando chegássemos à Freguesia, que ele conhecia bem. Vovô recusou. E assim, depois de pouco mais de hora, chegamos ao centro da Freguesia.

Diante de meu olhar embasbacado, mamãe disse:

— É carnaval, Marcos, não sabia?

Não sabia. Quer dizer, sabia e não sabia. Tinha me esquecido. E agora era tudo em excesso. Música. Animação. Cores. Risos. E uma mistura de gente de todas as idades, explicava papai, independentemente de classe, sexo ou profissão.

O que mais havia eram blocos mascarados, impossível saber se atrás daquela camuflagem estava um homem ou uma mulher. E papai bisbilhotava tudo.

— Sempre foi assim?

— Nem sempre. O carnaval era antes considerado uma festa de vagabundos, de arruaceiros e de criminosos. Agora é isso que está na sua frente.

21.

Felicidades, senhora Máscara!

Nossos olhos não podiam mais, de tão cansados, e as pernas bambeavam. Até papai estava cansado, ele, que nunca se cansa. Ocupamos então uma mesa, em um boteco de uma das ruas que saem da praça principal da Freguesia, onde o carnaval era mais espontâneo.

Papai não parava de falar:

— Vocês acham que estou cansado. Estou não! Esse é um dia único.

Falava e falava e falava.

Mamãe, distraída, bebia um copo de chope. Neste momento, caiu bem em cima de mim uma saudade dela muito grande. Puxei minha cadeira. Ela me abraçou e me beijou. Subitamente, a felicidade. Então, repousei a cabeça no seu colo e de olhos fechados escutei as vozes, tanto a de papai puxando conversa com os ocupantes da mesa ao lado, como o ruído difuso da grande cidade em dia de festa.

Entre todas as vozes, havia uma, da mesa ao lado, que me era familiar. Mas eu me recusava a virar a cabeça para saber quem falava assim. Abrindo um pouco os olhos, na luminosidade difusa, só conseguia ver vovô acompanhando a conversa. E como toda conversa entre desconhecidos, começava com elogios sobre belos trajes, nossos e de todo mundo.

Curioso, ergui a cabeça do colo de mamãe e sentei, me deparando com os dois mascarados, um deles vestido de preto, mas com uma máscara também preta, de longo nariz, as calças, camisa e chapéu da mesma cor. Papai já tinha falado comigo sobre essas máscaras. Havia dito que eram italianas, de Veneza, onde também tem carnaval. O outro, ao lado dele, portava máscara de um felino, amarela e vermelha, com algumas pintas pretas.

Papai falava sobre o significado das máscaras. Disse, dirigindo-se ao de preto:

— Bela, sua máscara. Pelo jeito não é daqui.

O mascarado respondeu que certamente não era da Freguesia do Ó.

— Mas como descobriu?

— Essa máscara é veneziana, da Comedia dell'Arte.

Na verdade, o conteúdo da conversa não me interessava. O que me intrigava era aquela voz do homem mascarado, difícil de ser esquecida naquele burburinho de fim de tarde. Procuro vovô com os olhos. Ele tem uma expressão tão intrigada quanto a minha.

Papai paga a conta e diz que devemos dar um passeio antes de pegarmos o carro e voltarmos a Pinheiros. Reiniciaram então a troca de gentilezas.

Papai diz:

— Divirtam-se, amigos.

O homem vestido de preto começa a agradecer e, pronto, me lembro da voz. Gattuso! O mascarado é Gattuso. Papai não percebe nada. Vira-se para o acompanhante dele e diz:

— Felicidades, senhora Máscara.

É a vez do felino responder:

— Felicidades também para você.

Instintivamente, leva a mão à boca, ergue a máscara alguns centímetros, o suficiente para mostrar que atrás da caratonha felina da máscara existe outra caratonha felina, a de uma onça-parda. Agora, sim, papai empalidece.

Ele volta-se para mamãe:

— Viu o que estou vendo?

— Claro, ela diz, aterrorizada.

Papai corre, mas os dois mascarados afastam-se rápido e desaparecem no meio de um bloco que passa. Papai, ainda perplexo, vê um policial e conta o que está acontecendo. O policial abre um sorriso bonachão.

— O nome do senhor é?
— Basílio.
— Basílio, diz o guarda, um belo nome! Sabe, o senhor é muito espirituoso! No carnaval, a Freguesia do Ó fica assim, cheia de felinos. É preciso se acostumar. Olha em volta. Uma onça. Um tigre. Um pierrô. E, descendo a escada, a Rainha de Sabá acompanhada por duas colombinas.

Papai não sabe onde se esconder, de tanta vergonha.

Autor e obra

Sérgio Capparelli nasceu em Uberlândia, Minas Gerais, em 11 de julho de 1947. Trabalhou em jornais do Rio Grande do Sul e foi professor da Universidade Federal do mesmo estado, por onde se aposentou. Já morou em muitos países, entre eles, a China, que considera Minas Gerais com outro nome. Vive hoje em San Vito Al Tagliamento, na Itália, e em São Paulo, no Brasil.

Publicou dezenas de livros, alguns deles premiados aqui e no exterior. Ganhou quatro vezes o prêmio Jabuti, da Câmara Brasileira do Livro. E seu último trabalho, *A Lua dentro do Coco*, foi sua terceira obra a receber o prêmio Odilo da Costa Filho, da FNLIJ, como melhor livro de poesia de 2010, além de ser escolhido para integrar a lista de honra dos livros do International Board on Books for Young People (IBBY), da Suíça.

Já vendeu no Brasil cerca de um milhão de exemplares dos livros que publicou, como *Os meninos da Rua da Praia, As meninas da Praça da Alfândega, Boi da Cara Preta, Vovô fugiu de casa, 111 poemas para crianças, Duelo do Batman contra a MTV, Tigres no Quintal, Poesia Visual, 33 ciberpoemas e uma fábula virtual,* entre outros.